EDELVAN JOSÉ DOS SANTOS

Novena de Nossa Senhora das Dores

EDITORA
SANTUÁRIO

DIREÇÃO EDITORIAL:
Pe. Fábio Evaristo R. Silva, C.Ss.R.

COORDENAÇÃO EDITORIAL:
Ana Lúcia de Castro Leite

COPIDESQUE:
Sofia Machado

REVISÃO:
Bruna Vieira da Silva
Luana Galvão

DIAGRAMAÇÃO E CAPA:
Bruno Olivoto

Textos bíblicos extraídos da *Bíblia de Aparecida*, Editora Santuário, 2006.

ISBN 978-85-369-0596-9

Este livro foi composto com as famílias tipográficas Avenir, Bellevue e Calibri e impresso em papel Offset 75g/m² pela **Gráfica Santuário.**

2ª impressão

Todos os direitos reservados à **EDITORA SANTUÁRIO** – 2024

Rua Pe. Claro Monteiro, 342 – 12570-045 – Aparecida-SP
Tel.: 12 3104-2000 – Televendas: 0800 - 0 16 00 04
www.editorasantuario.com.br
vendas@editorasantuario.com.br

Nossa Senhora das Dores

*T*ambém invocada como Nossa Senhora da Piedade, Maria recebeu o título de Nossa Senhora das Dores pelas terríveis angústias sofridas no decorrer de sua vida, principalmente quando presenciou a crucificação do filho Jesus. Estando aos pés da cruz, Maria sentiu o sofrimento da paixão de Cristo, tornando-se um exemplo para todas as mães e para a humanidade de resignação diante das provações, com as quais nos deparamos em nossa caminhada de cristãos.

A celebração em memória de Nossa Senhora das Dores foi fixada no calendário católico romano dos santos em 1814, quando o papa Pio VII expandiu essa devoção a toda a Igreja latina, colocando-a no terceiro domingo de setembro. No ano de 1913, o papa Pio X alterou a data festiva para 15 de setembro, um dia após a Festa da Exaltação da Santa Cruz.

Nós, brasileiros, temos grande veneração à Mãe Dolorosa e, muitas vezes, encontramos outras menções a Maria, associadas as suas dores atrozes: Nossa Senhora das Angústias, Nossa Senhora do Calvário, Nossa Senhora do Pranto, Nossa Senhora das Lágrimas.

A imagem de Nossa Senhora das Dores é representada por uma mulher de fisionomia agônica e lacrimosa, vestida de roxo, tendo o coração transpassado por uma espada; também podemos encontrar a imagem de Maria com o coração atravessado por sete punhais, que simbolizam as sete dores da Virgem Maria: a profecia de Simeão (Lc 2,34-35); a fuga para o Egito (Mt 2,13-21); o desaparecimento do Menino Jesus (Lc 2,41-51); o encontro de Maria e Jesus Cristo no caminho do Calvário (Lc 23,27-31); a crucificação e a morte de seu filho na cruz (Jo 19,25-27); a retirada de Cristo morto da cruz e colocado nos braços de sua Mãe (Mt 27,55-61); o sepultamento do filho no Santo Sepulcro (Lc 23,55-56).

A Igreja católica relembra as dores da Virgem Dolorosa não somente pela angústia e aflição que Maria sentiu, mas também para nos recordar que, pelas dores de Maria Santíssima, ela participou vivamente da redenção de Cristo. Desse modo, Nossa Senhora das Dores aponta-nos para uma Vida Nova em Cristo, que não reflete um caminho sem sofrimentos, mas um oferecimento da vida como sacrifício, com renúncia ao projeto do mal e resignação diante das provações, procurando viver na graça do amor e do perdão.

Oração inicial

– Em nome do Pai, do Filho e do Espírito Santo.
– Amém!
– A nossa proteção está no nome do Senhor,
– que fez o céu e a terra!
– Ouvi, Senhor, minha oração!
– E chegue até vós meu clamor!

– Vinde, Espírito Santo, enchei os corações de vossos fiéis e acendei neles o fogo do vosso amor. Enviai vosso Espírito, e tudo será criado! E renovareis a face da terra!
Oremos: Ó Deus, que instruístes os corações dos vossos fiéis com a luz do Espírito Santo, fazei que apreciemos retamente todas as coisas, segundo o mesmo Espírito, e gozemos sempre de sua consolação. Por Cristo, nosso Senhor.
– Amém!
Oferecimento da Novena:
Ó Deus Onipotente, diante de vossa presença e de Maria Santíssima, eu vos apresento nesta

novena todas as minhas misérias, minhas mágoas e meus sofrimentos. Nossa Senhora das Dores, aceitaste passar pelas cruéis dores para salvar toda a humanidade pela ressurreição de Cristo, confiando nos desígnios de Deus Pai. Ó Virgem Piedosa, derrama sobre mim teu olhar maternal, inunda meu ser com tuas lágrimas de amor, lavando meu coração da mancha do pecado. Ó Mãe dos aflitos, que sofreste desde o nascimento do Menino Jesus, quando tiveste de fugir para longe de Herodes e também quando fora revelado que uma espada dolorosa transpassaria tua alma, concede-me a virtude de uma profunda mudança de vida, para doar meu coração inteiramente a Cristo. Senhora das Dores, que recebeste o Filho morto em teus braços, com o coração estremecido pela crueldade humana, intercede junto da Trindade Santa para que eu receba a graça de que tanto necessito para aliviar as inquietudes de minha alma (*faça seu pedido a Nossa Senhora das Dores com o coração aberto à misericórdia de Deus*). Ó Advogada dos pecadores, auxilia-me na luta contra o mal e socorre minha alma, se a dor e o sofrimento forem inevitáveis. Não me deixes desanimar em minha caminhada de fé, mas cobre-me com teu manto sagrado para que eu passe com segurança pelo vale de lágrimas até a Morada Celeste. Assim seja. Amém!

Oração final

LADAINHA DE NOSSA SENHORA DAS DORES

Senhor, **tende piedade de nós**.
Jesus Cristo, **tende piedade de nós**.
Senhor, **tende piedade de nós**.
Jesus Cristo, **ouvi-nos**.
Jesus Cristo, **atendei-nos**.
Deus Pai, que estais nos Céus, **tende piedade de nós**.
Deus Filho, Redentor do Mundo, **tende piedade de nós**.
Espírito Santo Paráclito, **tende piedade de nós**.
Deus uno e Trino, **tende piedade de nós**.
Mãe do Cristo crucificado, **rogai por nós**.
Mãe do coração transpassado, **rogai por nós**.
Mãe da Piedade, **rogai por nós**.
Mãe das Sete Dores, **rogai por nós**.
Mãe dos Pecadores, **rogai por nós**.
Mãe da Humanidade, **rogai por nós**.
Virgem do Monte Calvário, **rogai por nós**.
Virgem Clemente, **rogai por nós**.

Virgem Fiel, **rogai por nós.**
Virgem Oferente, **rogai por nós.**
Defensora dos Inocentes, **rogai por nós.**
Consoladora dos Aflitos, **rogai por nós.**
Medianeira das Graças, **rogai por nós.**
Saúde dos Enfermos, **rogai por nós.**
Cordeiro de Deus, que tirais o pecado do mundo, **perdoai-nos, Senhor.**
Cordeiro de Deus, que tirais o pecado do mundo, **ouvi-nos, Senhor.**
Cordeiro de Deus, que tirais o pecado do mundo, **tende piedade de nós.**
Rogai por nós, Santa Mãe de Deus,
para que sejamos dignos das promessas de Cristo. Amém!

Oração: Nossa Senhora das Dores, meu coração alegra-se pelas graças que intercedes a Deus, graças abundantes de amor e de carinho maternal. Foi por teu "sim" ao projeto do Pai que trouxeste a Salvação, sabendo que imensuráveis dores machucariam tua alma, pois teu único Filho morreria para nos resgatar do pecado. Ó minha Mãe Dolorosa, peço-te perdão por minhas graves falhas, por minha falta de fé diante das provações cotidianas. Que eu aceite com firmeza as aflições e angústias que me atormentam, que a esperança de um mundo melhor jamais me abandone e que nunca eu deixe de lutar por uma sociedade mais humana e fraterna.

(Rezar 1 Pai-nosso, 7 Ave-Marias e 1 Glória ao Pai)

Ó Virgem Piedosa, que eu sempre procure praticar os mandamentos de Jesus Cristo, para que eu obtenha um coração puro, igual ao de nosso Senhor. Obrigado, Nossa Senhora das Dores, por sofreres em meu lugar e por seres doação agradável a Deus. Derrama sobre minha vida tuas lágrimas de misericórdia e ternura, para que eu seja lembrado entre os filhos merecedores da salvação eterna.

Em nome do Pai, do Filho e do Espírito Santo. Amém!

1º dia
Maria e a profecia de Simeão

1. Oração inicial *(p. 6)*

2. Palavra de Deus *(Lc 2,33-35)*

Seu pai e sua mãe estavam maravilhados com as coisas que dele se diziam. Simeão os abençoou e disse a Maria, sua mãe: "Este menino vai causar a queda e a elevação de muitos em Israel; ele será um sinal de contradição; a ti própria, uma espada te traspassará a alma, para que se revelem os pensamentos de muitos corações".
– Palavra da Salvação.

3. Reflexão

Hoje, contemplamos a primeira dor de Nossa Senhora: a profecia de Simeão. Revelada à Mãe de Jesus, a repentina declaração transformou seu pobre coração em um vale de lágrimas. Qual mãe amorosa e protetora receberia naturalmente a notícia de que seu filho seria vítima de cruel flagelação?

Nascemos para o sofrimento e padecemos a cada dia pelos males imprevistos. Mas como seria arrasador se soubéssemos por quais fatalidades futuras seríamos acometidos? Deus foi compassivo conosco ao ocultar as tristezas pelas quais passamos e passaremos, mas Maria não teve a mesma sina: afligia seu coração ao pensar que se aproximava o dia da morte de seu Filho Amado. Deus quis que aquela Virgem fosse a Rainha das Dores e, semelhante ao Salvador, desejou que ela sofresse com Jesus a perversidade dos homens para remissão dos pecados de todos.

O que podemos aprender com Nossa Senhora das Dores pela terrível espada que transpassou seu coração, quando soube da revelação de Simeão? Que jamais devemos nos rebelar contra Deus Pai pelos tormentos, pelas angústias e tristezas, mas aceitar com resignação os desafios de nossa caminhada de fé. Se os Céus não pouparam a Mãe e o Filho de sentirem horríveis agonias, quem somos nós para sermos preservados de tais aflições?

Peçamos a Nossa Senhora da Piedade e a Cristo forças para suportarmos os piores momentos da vida e aceitarmos os planos que Deus confiou a cada um de nós. Amém!

4. Preces do dia

– Pelas mães sofredoras, que lutam para salvar seus filhos do vício das drogas e do álcool, rezemos:
– **Senhor, escutai a nossa prece!**
– Pelas vítimas da violência urbana, que Deus conforte suas famílias para que encontrem no Evangelho forças, para superar a perda, e ânimo para seguir a caminhada rumo à salvação, rezemos:
– **Senhor, escutai a nossa prece!**

5. Oração final – Ladainha de Nossa Senhora das Dores *(p. 9)*

2º dia
A fuga da Sagrada Família para o Egito

1. Oração inicial *(p. 6)*

2. Palavra de Deus *(Mt 2,13-15)*

Um anjo do Senhor apareceu em sonho a José e lhe disse: "Levanta-te, toma o menino e a mãe dele e foge para o Egito. Fica lá até eu te avisar, porque Herodes vai procurar o menino para matá-lo". José levantou-se, tomou de noite o menino e a mãe dele e partiu para o Egito. Ficou lá até a morte de Herodes, para se cumprir o que o Senhor falara pelo profeta, com as palavras: "Do Egito chamei meu filho".
– Palavra da Salvação.

3. Reflexão

Hoje, refletimos sobre a segunda dor de Nossa Senhora. Quando souberam do perigo que Jesus corria, José e Maria fugiram imediatamente para o Egito. Imaginemos a aflição de Maria, a angústia por saber que seu frágil bebê poderia ser vítima da crueldade de Herodes. Como sofreu, em seu íntimo, a Mãe de Jesus, pensando em como proteger seu filho do calor e frio extremos, que teriam de enfrentar pelo deserto! Além disso, o medo dos salteadores, das serpentes e feras era inevitável, pois aquela região desértica oferecia-lhes muitas ameaças.

Foi por um sonho que José foi advertido sobre o risco que corria o recém-nascido se eles permanecessem naquelas terras. E, hoje, temos dado crédito aos sinais de Deus em nosso meio? Será que temos permitido a ação divina adentrar nossos pensamentos, revelando seus mistérios de amor?

Ó Mãe Dolorosa, infelizes somos por dar tanto valor ao material, muitas vezes nos esquecendo da importância do espiritual. Outrora, Deus Pai se comunicava constantemente com o homem, pois esse detinha em seu coração a grandeza do espírito, mas com o passar dos tempos começamos a depreciar os bens espirituais, impedindo essa comunicação entre o divino e o humano, pela ambição e soberba.

Senhora das Dores, intercede a Deus para nos resgatar da violência e opressão. Ó Virgem Piedosa, dá-nos um coração capaz de compreender a magnitude dos dons do Espírito, para que restauremos a comunicação com o Pai, que nos ama infinitamente. Protege-nos de todos os males do corpo e da alma. Amém!

4. Preces do dia

– Pelas crianças vítimas de abusos físicos e psicológicos, para que as autoridades exerçam com firmeza o dever de protegê-las de seus agressores, rezemos:
 – Senhor, escutai a nossa prece!
– Para que o Evangelho de Cristo seja a fonte reconfortadora das sequelas deixadas no coração das famílias que perderam suas crianças vítimas da violência rezemos:
 – Senhor, escutai a nossa prece!

5. Oração final – Ladainha de Nossa Senhora das Dores *(p. 9)*

3º dia
O desaparecimento de Jesus no templo

1. Oração inicial *(p. 6)*

2. Palavra de Deus *(Lc 2,41-43.46-47)*

Os pais de Jesus iam todos os anos a Jerusalém para a festa da Páscoa. Quando ele tinha doze anos, subiram para lá, como era costume na festa. Passados os dias da festa, quando estavam voltando, ficou em Jerusalém o menino Jesus, sem que seus pais o notassem. Depois de três dias o encontraram no templo, sentado no meio dos doutores, ouvindo-os e interrogando-os. Todos os que o ouviam estavam maravilhados com sua sabedoria e com suas respostas.
– Palavra da Salvação.

3. Reflexão

A angústia de Maria pelo desaparecimento de Jesus causou imensa aflição a sua alma. A terceira dor de Nossa Senhora vai muito além de nosso entendimento. O que sentiu aquela Mulher quando percebeu que o Filho de Deus não estava consigo? Que culpa a Mãe deve ter carregado durante os três dias, pressupondo que algum mal pudesse ter acontecido ao Menino e, ainda, que remorso ela carregou em seu peito, crendo não haver cumprido seu papel de mãe protetora e também ter traído a confiança que o Pai lhe depositara para cuidar do Salvador?

"Filho, por que fizeste isso conosco? Teu pai e eu te procurávamos, cheios de aflição..." (Lc 2,48). A fala de Maria, relatada no Evangelho de Lucas, esclarece-nos o doloroso desespero da Mãe, mas permitiu que Nossa Senhora transcendesse a angústia, quando compreendeu o sinal de Deus em sua vida: o desaparecimento de Jesus era o início da desoladora preparação de Maria até a morte de Cristo. Era para preparar seu coração para receber a terrível espada que transpassaria sua alma, conforme Simeão havia lhe profetizado.

Hoje, encontramos várias Marias que vivem no desespero de terem seus filhos perdidos pelo mundo. Muitos se perdem pelo feroz vício das drogas, aprisionados pelos prazeres momentâneos oferecidos pelos alucinógenos. Outros são sequestrados, retirados do seio familiar, e seus pais desconhecem o paradeiro de seus filhinhos. Quantas mães choram pelos filhos, que se encontram no caminho do crime e são capazes de cometer os mais bárbaros atos contra o semelhante!

Ó Senhora das Dores, conforta os corações maternais que sofrem pela perda de seus filhos. Mostra-lhes os sinais que Deus revela para abrandar sua aflição e lhes conduzas ao reencontro da Paz pelo Evangelho do Filho de Deus. Amém!

4. Preces do dia

– Pelas mães que sofrem por causa dos filhos sequestrados ou que se perderam, para que os reencontrem pela graça divina, rezemos:
 – Senhor, escutai a nossa prece!
– Pelos filhos que se encontram perdidos nos vícios e sentem-se envergonhados de voltar ao

convívio familiar, que sejam iluminados pelo Espírito Santo e regressem para suas famílias, sendo plenamente unidos e felizes, rezemos:
– **Senhor, escutai a nossa prece!**

5. Oração final – Ladainha de Nossa Senhora das Dores *(p. 9)*

4º dia
O encontro de Jesus e Maria no caminho do Calvário

1. Oração inicial *(p. 6)*

2. Palavra de Deus *(Lc 23,27-29.32)*

Seguia Jesus grande multidão de povo e de mulheres, as quais batiam no peito e o lamentavam. Voltando-se para elas, disse Jesus: "Filhas de Jerusalém, não choreis por mim, mas chorai por vós mesmas e por vossos filhos, porque virão dias em que se há de dizer: 'Felizes as estéreis e felizes as entranhas que não geraram e os seios que não amamentaram!'" Levaram para ser executados junto com ele outros dois, que eram malfeitores.

– Palavra da Salvação.

3. Reflexão

Que crueldade havia no coração daqueles que fizeram Jesus carregar a pesada cruz! O peso redobrava à medida que caminhava em direção ao Calvário. No caminho encontrou sua mãe lacrimosa, desesperada por ver tamanha humilhação e violência contra seu Filho.

Pensemos na quarta dor de Nossa Senhora, meditemos um pouco sobre esse momento. Maria, provavelmente, relembrava em seu íntimo tudo o que de maravilhoso vivera com Jesus, mas havia chegado o dia em que a profecia de Simeão deveria se cumprir. Ela sabia que seu amado Jesus seria, a partir da crucificação, nosso Jesus, nosso Redentor e Salvador. Sim, a Mãe Dolorosa chorava resignada, pois seu amor era tão imenso, que já havia aceitado o alto preço que Cristo pagaria para salvar todos nós, seus filhos.

Ó Virgem Piedosa, perdoa-nos termos causado tanta dor a teu dulcíssimo coração. Sabemos o quanto somos responsáveis pela espada que transpassou tua alma. Nossa Senhora das Dores, pedimos a misericórdia divina por tua intercessão; recorre ao Pai que nos dê a salvação eterna, pois estamos prostrados diante da Trindade Santa, arrependidos de nossos pecados. Assim seja. Amém!

4. Preces do dia

– Para que busquemos sempre nos redimir de nossos pecados com atitudes louváveis a Deus, como a caridade e a penitência, rezemos:
– **Senhor, escutai a nossa prece!**
– Pelas pessoas que sofrem por causa da fome, do frio e do desamor da sociedade, para que estendamos nossas mãos para ajudá-las a serem tratadas com dignidade e respeito, rezemos:
– **Senhor, escutai a nossa prece!**

5. Oração final – Ladainha de Nossa Senhora das Dores *(p. 9)*

5º dia
A aflição de Maria pela morte de Jesus na cruz

1. Oração inicial *(p. 6)*

2. Palavra de Deus *(Jo 19,25-30)*

Junto à cruz de Jesus estavam de pé sua mãe, a irmã de sua mãe, Maria, mulher de Cléofas, e Maria Madalena. Jesus, vendo sua mãe e, perto dela, o discípulo que amava, disse a sua mãe: "Mulher, eis aí teu filho". Depois disse ao discípulo: "Eis aí tua mãe". E, desta hora em diante, o discípulo acolheu-a em sua casa. Em seguida, sabendo Jesus que tudo estava consumado, para se cumprir plenamente a Escritura, disse: "Tenho sede". Havia ali um vaso cheio de vinagre. Embeberam de vinagre uma esponja e, fixando-a numa vara de hissopo, chegaram-lha à boca. Havendo Jesus tomado o vinagre, disse: "Tudo está consumado". Inclinou a cabeça e entregou o espírito.

– Palavra da Salvação.

3. Reflexão

O terrível momento chegou, eis que Jesus morreu para nos salvar. Maria sofreu aos pés da cruz, chorou desconsoladamente, mas compreendeu os planos de Deus e respeitou sua vontade. A partir daquela hora, a Virgem Dolorosa teria uma nova missão apresentada por Cristo: ser a Mulher da Nova Aliança, a Mãe do discípulo amado, também a mãe dos outros discípulos e de toda a humanidade.

Apesar do sofrimento de Nossa Senhora ser imensurável naquele momento, no íntimo, seu coração regozijava pela salvação da humanidade. Sua alma encontrava-se ferida pela "espada de nossos pecados", mas ela sempre confiou no Pai e sabia que nada estava perdido.

Mas como Maria se sentiu ao receber o filho morto em seus braços? Reflitamos sobre os momentos da terrível flagelação, em que a Mãe permaneceu firme com o olhar lacrimoso para o rosto sofrido de Jesus, e peçamos à Virgem Piedosa que rogue a Deus por nós. Perdão, Senhora das Dores, por nossas falhas levarem Cristo à crucificação. Perdão! Intercede por nossa salvação! Amém.

4. Preces do dia

– Pelas pessoas que vivem humilhadas pelo trabalho escravo, para que haja irmãos compadecidos dessa dor exterminadora da dignidade e denunciem os algozes às autoridades, rezemos:
– **Senhor, escutai a nossa prece!**
– Pelos desempregados, que lutam pelo sustento da família, que o Espírito Santo suscite no coração dos governantes leis e projetos que estimulem a criação de empregos, com salários dignos e sem exploração, rezemos:
– **Senhor, escutai a nossa prece!**

5. Oração final: Ladainha de Nossa Senhora das Dores *(p. 9)*

6º dia
Maria recebe o filho morto em seus braços

1. Oração inicial *(p. 6)*

2. Palavra de Deus *(Mc 15,42-45)*

Caindo a tarde e como era a Preparação da Páscoa, quer dizer, a véspera de sábado, José de Arimateia, membro importante do Conselho, que também esperava o Reino de Deus, teve a coragem de ir até Pilatos e pediu o corpo de Jesus. Pilatos admirou-se de que ele já estivesse morto e, chamando o centurião, perguntou se ele já tinha morrido há muito tempo. Informado pelo centurião, mandou entregar o corpo a José.
– Palavra da Salvação.

3. Reflexão

Receber o filho morto nos braços foi torturante, e lembranças de seu nascimento podem ter vindo à tona nos pensamentos da Virgem Dolorosa, como a primeira vez que recebeu Jesus em seu colo. Mas o colocaram sem vida, ensanguentado pelas horríveis chagas e irreconhecível.

Ó Mãe, impossível imaginar teu desespero, jamais poderemos sentir tua aflição, pois ninguém desta terra amará Cristo como tu o amaste. Ainda sabendo que os homens eram totalmente culpados da morte do Filho Amado, naquele mesmo momento, Maria ofereceu-se como a Mãe da Humanidade, que abraça toda criatura; a bem-aventurada entre todas as mulheres não nos desamparou.

E nós, Senhora das Dores, será que estamos correspondendo ao teu infinito amor maternal? Será que estamos dispostos a receber em nossos braços aqueles irmãos humilhados, violentados e desrespeitados em seus direitos básicos, como saúde e moradia? Claro que nos falta muito para agirmos como o Pai almeja, mas queremos assumir o compromisso diário de amenizar as dores dos semelhantes, que padecem sem voz e sem vez.

Nossa Senhora do Calvário, dá-nos um coração generoso, capaz de sofrer as injustiças, mas de não as aceitar em prol de uma sociedade mais justa e fraterna. Amém!

4. Preces do dia

– Para que sejamos pessoas dispostas a amparar os irmãos de rua, que vivem sem moradia, ofertando-lhes, além de comida e roupas, nosso carinho e nossa atenção, rezemos:
– **Senhor, escutai a nossa prece!**
– Para que nos solidarizemos com os encarcerados, comprometendo-nos em visitá-los, levando a Palavra de Deus, e os orientar pelo caminho da salvação, rezemos:
– **Senhor, escutai a nossa prece!**

5. Oração final: Ladainha de Nossa Senhora das Dores *(p. 9)*

7º dia
A despedida no sepultamento do filho de Deus

1. Oração inicial *(p. 6)*

2. Palavra de Deus *(Lc 23,53-56)*

José, descendo-o da cruz, envolveu-o num lençol e o depositou num sepulcro cavado na rocha, onde ninguém tinha sido ainda colocado. Era o dia da Preparação da Páscoa e já estava para começar o sábado. No entanto, as mulheres que tinham vindo da Galileia com Jesus acompanharam José e observaram o sepulcro e como o corpo de Jesus fora nele depositado. Voltaram e prepararam aromas e perfumes. E, no sábado, observaram o repouso conforme o preceito.
— Palavra da Salvação.

3. Reflexão

Meditemos a última dor da Mãe da Piedade, abrigando em nosso coração estes versos: "Com rogos e preces, vós o entregais para o sepultarem, bendita sejais! Sem filho e tal filho, então suportais, cruel soledade, bendita sejais!"

A despedida durante o sepultamento pode ser terrível para nós, pois a aflição e o desespero tomam conta da alma. Mas, apesar do desprezo de tantos por seu filho, Maria procurou manter-se serena, pois a promessa divina jamais falha, e seu amor pela humanidade é infinitamente maior que a dor que sentiu.

A morte envolve-se em um grande mistério, uma transformação do fim da vida terrena em bênçãos eternas. Junto de Deus já não há mais vazio, pois Ele é o Caminho, a Verdade e a Vida e extermina todas as nossas fraquezas.

Ó Mãe Dolorosa, sabemos que devastação sentiu em sua alma ao ver seu filho Jesus ser colocado no sepulcro por nossa culpa, mas suplicamos: volve seu olhar misericordioso para teus filhos na hora da morte, para que sejamos salvos do pecado e cheguemos à glória do Pai. Assim seja. Amém!

4. Preces do dia

– Para que não fraquejemos com a dor da despedida diante da morte de nossos entes queridos, procurando sermos consolados pelo Amor de Deus e confiando plenamente na ressurreição, rezemos:
– Senhor, escutai a nossa prece!
– Para que sejamos o alicerce para os doentes terminais, que se encontram, muitas vezes, abandonados nos leitos dos hospitais, levando a esperança da Vida Nova em Cristo Ressuscitado, rezemos:
– Senhor, escutai a nossa prece!

5. Oração final – Ladainha de Nossa Senhora das Dores *(p. 9)*

8º dia
Senhora das Dores, Mãe dos pecadores

1. Oração inicial *(p. 6)*

2. Palavra de Deus *(Jo 20,1-3)*

No primeiro dia da semana, de madrugada, quando ainda estava escuro, Maria Madalena foi até o túmulo e viu que a pedra tinha sido retirada do túmulo. Ela correu e foi procurar Simão Pedro e o outro discípulo, aquele que Jesus amava. E disse-lhes: "Tiraram o Senhor do túmulo e não sabemos onde o puseram!" Então Pedro e o outro discípulo saíram e foram até o túmulo.

– Palavra da Salvação.

3. Reflexão

As trevas foram vencidas pelo supremo amor, já não há mais dor e sofrimento, pois o Senhor ressuscitou. Que espanto para aqueles que viram o túmulo vazio, acreditando que alguém pudesse ter roubado o corpo do Mestre! Mas a Mãe dos Pecadores sabia que o plano de Deus havia se realizado.

Provavelmente, logo após a morte de Cristo, Maria sentiu forte solidão por não ter mais junto de si o amado filho, mas também agradeceu aos Céus a confiança do Pai ao dar-lhe a honra de ser a Mãe do Salvador. As terríveis dores seriam inevitáveis, desde a profecia de Simeão, mas a ação do Espírito Santo em seu ser a fez a mulher mais feliz de toda a humanidade: "Minha alma engrandece o Senhor e meu espírito se alegra em Deus, meu Salvador, porque Ele olhou para sua humilde serva" (Lc 1,46-48).

Quando a Senhora das Dores respondeu "sim" ao chamado de Deus Pai, ela assumiu a responsabilidade de ser nossa medianeira, nossa intercessora, a Mãe dos Pecadores. Por isso, a ti, Nossa Senhora das Dores, nosso louvor, por trazeres ao mundo o Deus Menino. À Trindade Santa nossa adoração, por devolver-nos a dignidade, outrora perdida pela manifestação do pecado de Adão e Eva.

Ó Mulher da Nova Aliança, dá-nos a coragem de mudar nossas atitudes mundanas e a esperança da salvação eterna. Amém!

4. Preces do dia

– Pelos idosos abandonados nos asilos, que sejam amparados por cuidadores comprometidos em doar atenção e carinho e que os filhos devolvam a dignidade de seus pais, reintegrando-os ao seio familiar, rezemos:
– **Senhor, escutai a nossa prece!**
– Para que o coração dos soberbos e mesquinhos seja transformado pelo Espírito Santo, a fim de que eles possam enxergar as dores dos marginalizados e se compadeçam das misérias dos irmãos, rezemos:
– **Senhor, escutai a nossa prece!**

5. Oração final – Ladainha de Nossa Senhora das Dores *(p. 9)*

9º dia
Nossa Senhora das Dores, a mãe do ressuscitado

1. Oração inicial *(p. 6)*

2. Palavra de Deus *(Jo 20,4-8)*

Pedro e o outro discípulo corriam juntos. Mas o outro discípulo correu mais depressa que Pedro e chegou primeiro ao túmulo. Abaixando-se, ele viu as faixas no chão, mas não entrou. Então chegou também Pedro, que o seguia, e entrou no túmulo. Viu as faixas no chão e também o sudário que tinham colocado sobre a cabeça de Jesus: não estava com as faixas, mas enrolado num lugar à parte. Foi então que entrou também o outro discípulo, que tinha chegado primeiro ao túmulo. Ele viu e acreditou.
— Palavra da Salvação.

3. Reflexão

Hoje, encerramos nossa caminhada com Nossa Senhora das Dores. Meditamos, nesta novena, as dolorosas espadas que devastaram seu puríssimo coração. Nosso percurso não foi em vão, pois Jesus Cristo ressuscitou. Ele está junto do Pai e nos espera de braços abertos para sentirmos o verdadeiro Amor, que transforma nossas aflições e ansiedades em alegria e mansidão.

Maria não permaneceu esquecida pelo Pai, como também nenhum filho por Ele será esquecido; foi elevada aos Céus de corpo e alma. Em virtude de Maria Santíssima não ter sido subordinada ao poder do pecado, para assumir a missão de ser a Mãe de Deus, ela não teve de passar pela corrupção da carne, sendo glorificada de corpo e alma.

Contemplemos a maravilhosa mensagem de São João de Damasco, escrita no ano de 749: "Era necessário que aquela que, no parto, havia conservado ilesa sua virgindade, conservasse também, sem corrupção alguma, seu corpo depois da morte. Era preciso que aquela, que havia trazido no seio o Criador, feito menino, habitasse nos tabernáculos divinos. Era necessário que aquela que tinha visto o Filho sobre a cruz, recebendo no coração aquela espada das dores, das quais fora imune ao dá-lo à luz, contemplasse-o sentado à direita do Pai. Era necessário que a Mãe de Deus possuísse aquilo que pertence ao Filho e fosse honrada por todas as criaturas como Mãe de Deus".

Nossa Senhora das Dores, intercede junto à Trindade Santa por nossas famílias que sofrem neste mundo pela violência, corrupção, discriminação e desigualdade social. Não permitas que percamos nossas almas aflitas por esses males sociais, mas que, esperançosos pela Vida Nova, alcancemos um dia a plenitude da felicidade eterna. Em nome do Pai, do Filho e do Espírito Santo. Amém!

4. Preces do dia

– Por todos aqueles que perderam a fé, diante do desespero e da angústia, desacreditando no Amor do Pai, para que reencontrem o sentido da vida pela ação do Espírito Santificador, rezemos:
– **Senhor, escutai a nossa prece!**

– Por aqueles que sofrem perseguição por amarem a Jesus Cristo, sendo humilhados e violentados, por servirem ao Reino de Deus, para que suportem com firmeza as provações e sejam lembrados entre os eleitos do Pai, rezemos:
– **Senhor, escutai a nossa prece!**

5. Oração final – Ladainha de Nossa Senhora das Dores *(p. 9)*